O QUE ACONTECE COM AS BORBOLETAS NO ESTÔMAGO?

Editora Appris Ltda.
1.ª Edição - Copyright© 2024 da autora
Direitos de Edição Reservados à Editora Appris Ltda.

Nenhuma parte desta obra poderá ser utilizada indevidamente, sem estar de acordo com a Lei nº
9.610/98. Se incorreções forem encontradas, serão de exclusiva responsabilidade de seus organi-
zadores. Foi realizado o Depósito Legal na Fundação Biblioteca Nacional, de acordo com as Leis nos
10.994, de 14/12/2004, e 12.192, de 14/01/2010.

Catalogação na Fonte
Elaborado por: Josefina A. S. Guedes
Bibliotecária CRB 9/870

	Macaciel, Emmanuele
M113q	O que acontece com as borboletas no estômago? / Emmanuele Macaciel.
2024	– 1. ed. – Curitiba: Appris, 2024.
	72 p. ; 21 cm.
	ISBN 978-65-250-5678-4
	1. Poesia brasileira. I. Título.
	CDD – B869.1

Editora e Livraria Appris Ltda.
Av. Manoel Ribas, 2265 – Mercês
Curitiba/PR - CEP: 80810-002
Tel. (41) 3156 - 4731
www.editoraappris.com.br

Printed in Brazil
Impresso no Brasil

Emmanuele Macaciel

O QUE ACONTECE COM AS BORBOLETAS NO ESTÔMAGO?

FICHA TÉCNICA

EDITORIAL Augusto V. de A. Coelho
Sara C. de Andrade Coelho

COMITÊ EDITORIAL Ana El Achkar (UNIVERSO/RJ)
Andréa Barbosa Gouveia (UFPR)
Conrado Moreira Mendes (PUC-MG)
Eliete Correia dos Santos (UEPB)
Fabiano Santos (UERJ/IESP)
Francinete Fernandes de Sousa (UEPB)
Francisco Carlos Duarte (PUCPR)
Francisco de Assis (Fiam-Faam, SP, Brasil)
Jacques de Lima Ferreira (UP)
Juliana Reichert Assunção Tonelli (UEL)
Maria Aparecida Barbosa (USP)
Maria Helena Zamora (PUC-Rio)
Maria Margarida de Andrade (Umack)
Marilda Aparecida Behrens (PUCPR)
Marli Caetano
Roque Ismael da Costa Güllich (UFFS)
Toni Reis (UFPR)
Valdomiro de Oliveira (UFPR)
Valério Brusamolin (IFPR)

SUPERVISOR DA PRODUÇÃO Renata Cristina Lopes Miccelli

ASSESSORIA EDITORIAL Daniela Nazario

REVISÃO Débora Sauaf

PRODUÇÃO EDITORIAL Daniela Nazário

DIAGRAMAÇÃO Lucielli Trevizan

CAPA Carlos Pereira

REVISÃO DE PROVA Jibril Keddeh

APRESENTAÇÃO

Um livro para quem sente borboletas no estômago.

Sempre senti borboletas no estômago para todos os acontecimentos que me caiam no colo [ou me batiam com força na cabeça]. As borboletas sempre me habitaram e se transformaram em outros animais, indo além da metamorfose propriamente dita. *O que acontece com as borboletas no estômago?* é justamente essa metamorfose da minha vida, que se torna, agora, a metamorfose da sua vida. Escrevi esse livro no ar. Voando pelo vento que soprava na minha cabeça. Alguns golpes arritmaram meu coração e outros ventos me tornaram cobra ou cachorra ou inseta. Tudo o que foi escrito aqui faz parte do vendaval e da ventarola que acontecem – ao mesmo tempo – dentro de mim. Por vezes, as lagartas se transformam em lindas borboletas ou em fortes serpentes. Por vezes, me descubro acabada pelas sanguessugas. Os acontecimentos aqui presentes foram e são marcantes demais e fazem de mim quem eu sou. Nesta obra há amores, amigos, família e muitos sonhos que, através da literatura, se metamorfosearam em poesia, colaborando com meu processo de transform[ação]. Aqui, há a criança silenciada que bebeu na fonte da literatura e concebeu uma mulher com voz selvagem. A minha voz. Aqui, tudo foi regado com muita lágrima, suor, sangue e um tanto de alegrias que juntei para formar meu borboletário. É aqui, questionando *O que acontece com as borboletas no estômago?* que vejo a vida crescer e se modificar efetivamente, com cores e asas.

Dedico este livro para meu eu menina, que – com certeza – olharia com heterocromáticos e brilhantes olhos a borboleta selvagem que meu eu mulher se tornou.

À minha família.
À Matamba. Eparrey, bela Oyá!

Com maior ou menor habilidade, fabricamos ficções não para que o falso pareça verdadeiro, mas para conseguirmos dizer o verdadeiro mais indizível, com absoluta fidelidade, por meio das ficções.

(Elena Ferrante)

SUMÁRIO

AS BORBOLETAS 13

AS 4 FASES 19

OVO É UMA OVA [OU EU ENTRE A RIQUEZA E A ESMOLA
O SAGRADO E O PROFANO]..21

LARVAS, LAGARTAS, NÓS, EM NÓS AMARRADOS 37

PUPA [DEITA NO CHÃO, FAZ A CABEÇA, A FIRMEZA] 61

IMAGO [ESCRITA EM CORPO E VOZ]...67

EVENTO..71

As borboletas

I.

Naquele tempo acordei vomitando borboletas no estômago
que a mim
me pareciam tão bonitas
Amarelas vermelhas verdes e pretas cheias
de pintas coloridas e uns desenhos pontiagudos que formavam
triângulos
e uns outros rabiscos meio fálicos e fálicos fálicos tão fálicos que
decidi criar as borboletas que vomitei porque
veja bem
eram minhas saíram de mim eu pari mas
Não foi como um parto normal elas saíram pela minha boca então
eu tinha que cuidar delas
acarinhar elas
lamber elas
amamentar aquelas borboletas que me tinham saído e eram feitas
a minha imagem e semelhança
então assim eu fiz
cuidando lambendo e amamentando
as borboletas do meu estômago
Um feixe de luz tocou minha retina enquanto eu cumpria meu
papel de mãe e
me cegou me trazendo clareza
Porque veja bem
eu amamentava borboletas e naquele tempo
eu queria o que os Outros queriam o que eu quisesse e o que eu fosse
e então eu era
eu era a mãe das borboletas e
Elas
Elas
Elas sugavam meu peito com fome do meu néctar

e do meu colo saia sangue eu não entendia por que elas não
bebiam leite
Bebiam sangue
O feixe queimou minha vista e minha esclera avermelhou
a minha pupila
a menina dos meus olhos, sabe?
A minha pupila deu passagem para essa luz que me cegava
e me presenteava com a iluminação e eu não entendia
[eu nunca entendia nada muito bem]
Olhei para o anterossuperior do busto e estava cravejado de san-
guessugas carnívoras que me comiam viva porque
veja bem
eu deixava
Cega e maternal eu me bitolava entregando meu corpo violado
às estacas que
me entravam pela boca sem pedir permissão e tocando
minha garganta
provocavam cócegas e dor e eu babava ácido e engasgava e
veja bem
Eram elas
As sanguessugas que vomitei
enquanto sonhava com tolas borboletas no estômago

II.
Cruas tripas se cruzam em tremor onde habitam tais borboletas
Voam e latejam entre minhas carnes e meu ventre desde a goela
até o calcanhar de Aquiles
É quando dói e lateja
E me pergunto Por quê?
Tomei banho mas não lavei os pés e de quando em vez
um golpe de ar me deixa assim meio ranhosa e é quando sinto
as varizes
raízes das macieiras do meu estômago fincando em mim os troncos
às vezes pulsam as borboletas e me querem fugir pelo esôfago

é quando ardo em borbulhas
E me pergunto Por quê?
Tomo leite
De magnésio
O incêndio passa mas eu continuo em chamas
pelo avesso

III.
Viram Ásia
África euro-americanas
Gélidas Antártidas e Oceanias
Viagens ao centro da Terra ou ao centro da minha melancolia
Viram tecidos emaranhados em emaranhados de cílios
em olhos revirados
Viram ao norte ou viram pretérito mais que [im]perfeito
e voam
ou viram azia
Sobrevivem ou morrem no suco gástrico
mas sempre viram prosa e poesia

IV.
Que eu não esqueça nunca:
O bater das asas das minhas borboletas
ainda [mesmo que tarde]
ocasionarão um tornado
no corpo do Outro

V.
Borboletinha tá na cozinha
fazendo chocolate
para a madrinha
para o papai para a mamãe para o irmão para o boyzinho para o
outro boyzinho para a amiga e a outra amiga e a outra amiga e
para as amigas das amigas do boyzinho e para os amiguinhos do

trabalho e para o cachorro e para o papagaio e para o periquito e para quem mais tiver que fazer um bom chocolatinho porque a borboletinha é sempre muito muito solicita e nunca sobra nem um pouquinho de chocolate pra borboletinha mas ela nem liga

Poti, poti
Perna de pau
Olho de vidro
E nariz de pica-pau pau pau
E taca pau na borboletinha pra aprender a parar de ser trouxa e comer o chocolate e sair da cozinha e bater a porra das asinhas

As 4 fases

Ovo vulnerável e suscetível e pequena presa que
tem muita-muita pressa de
crescer e
ser

Eclodo em larva e em lava queimo para então
sobre-viver em lagarta que
rasteja e persiste em se
transformar

Me faço em casulo no meu mundo em pupa que
segura e fixa realiza a minha
met[AMOR]fosse de
liberdade

Imago e madura saio da pupa em corpo e voo livres ao
desconhecido do meu universo enquanto
polinizo e fecundo terra-água-ar nas
asas

Ovo é uma ova
[Ou Eu entre a riqueza e a esmola o sagrado e o profano]

VI.
Choro
Os verdes olhos tornam-se vermelho-sangue que agonizam
diante da verdade que teima em não ir embora
Dos olhos descem o bálsamo que
pinga
até a base que tudo suporta calada
Arde tanto que suporto de boca fechada mais essa
Calos reencarnados
Tantos calos que se fizeram à medida em que foram calados
Estou cega
Estou muda
Calos [in]vocais
Queria invocar o diabo
Porque penso que nasci coxa com dois cascos esquerdos
[talvez, se fossem pés direitos a vida se endireitaria também, penso]
Foi na mão direita que colocou o anel
e nos cascos esquerdos que me colocou o grilhão
Dói tanto que eu suporto
Dói a coluna e fico corcunda
[parei de voar]
Como é difícil andar e carregar esse peso sem jeito
esse peso pilantra
esse peso sem jeito que eu tento a todo tempo ajeitar porque
suporto tanto que suporto
Atento-me às feridas e lambo todas elas fraternalmente
apiedando-me de mim por carregar os pesos e as bicheiras
Calos calados que vão se arrebentando conforme piso o chão de
paralelepípedos

Vou deixando minha pele pelo caminho
No meio do caminho havia uma pele
Havia uma pele no meio do caminho
A minha
Estou cega
Estou muda
Penso que estou prestes a dar raiz mas
raiz de quê?
Crisântemos?
Cravos?
Saudade?
O solo me assola com minha própria história
[de silêncio]
e eu ali em corpo e pé
e sola
querendo correr descalça mesmo
Com dois pés
PÉS, PÉS esquerdos mesmo
e unhas grandes mesmo
e um mindinho menor do que o normal
Porque eu sou um rastro de caminhos caudalosos
contornos brutos e tapetes puxados
mas com uma vontade viva de me abraçar
e me tratar e me dar um bom banho quente com roupas macias
e meias para aquecer os pés gelados
Quero dançar com esses mesmos pés esquerdos que sustentam
o acontecimento que sou
que luta
luto

VII.

Sonhei um sonho em que me nasciam asas membranosas cobertas
de escamas brilhosas em escarlate e âmbar
Doidas e doloridas que se enraizavam pelo meio das minhas costas
desenhando olhos que tudo viam
E de cobre me cobriam aos ataques dos Predadores
Eu comia plantas leiteiras e me habitava veneno nas asas e
meus pés
Pelos meus pés eu sentia o sabor do mundo
Acordei
Com a cama repleta de cascas radioativas e pólen
Pus os pés no chão gelado e quis sentir a liberdade clandes-
tina da terra
Entendi
Metamorfoseei na madrugada dos loucos
Voei
e fui embora

VIII.

Tipo
Classe
Conjunto de seres ou objetos que possuem a mesma origem
ou que se acham ligados pela similitude de uma ou mais
particularidades
Gênero
Aquilo que querem que você seja e siga
e aquilo que você quer seguir para que te aceitem
e te ovacionem e te digam

Nossa, você é um exemplo para a nossa espécie

Eu não quero nada disso
Já quis mas
não quero mais

Quero me reservar ao direito de errar meus erros
repetir meus cacos
de me varrer varrer varrer
pra baixo dos panos
me esconder nos lençóis
e chorar
chorar até sair aquela meleca infantil de quem chora
o choro do alívio desesperado
e me contradizer o que antes havia dito o contrário
Eu quero gozar o benefício da dúvida
De ser e não ser para poder ser e
assim sendo
poder ser livre sem ser algo que precise ser nomeado
Eu quero a liberdade da minha incerteza tão certa
Mas quero caminhando ao lado certeza de amar tranquilamente
Eu sempre fui uma dúvida
MESMO
Está escrito nos astros desde o prelúdio
Gritei o grito da vida já sem saber se era riso ou choro
porque eu sempre fui uma contradição
Libra e sagitário
Ar e fogo
Braços ou asas
Borboleta ou gente
Mas sempre Inseta incerta
Às vezes assopro e às vezes queimo ou
queimo só pra poder assoprar ou
assopro porque queimei sem querer...
eu sei lá!
Eu tô sempre no limiar entre a forma e o conteúdo
sem saber se tô certa ou se tô só me enganando
[Eu sou uma fraude]
e o que eu queria mesmo
 mesmo mesmo mesmo

era atravessar o tempo com meu fio de navalha que é a escrita
pra assim eternizar o que eu nem sei se quero que seja eterno
mas quero que dure tempo suficiente para fazer eu me sentir
I N T E I R A
e
única
e talvez
até
eterna [talvez]
~~Mesmo que tudo isso dure um segundo do relógio.~~

IX.
Não sei mas
pode ser que sim ou
pode ser que não mas
talvez ou
E V E N T U A L M E N T E
eu seja só o reflexo daquilo que não sou e que queria ser
Como o rosto que reflete no fio da navalha
e você não sabe se raspa o pelo ou
se corta os pulsos em segredo e sangue
Meus silêncios meu caos meu oceano
Jorro desmedida e grossa
parecendo obtusa
sendo apenas furtiva

Os acontecimentos me fizeram assim
com a boca grande pra engolir o mundo senão
o mundo me engole

Não sei mas pode ser que sim ou
eu seja você em imagem e semelhança e rebeldia
Com vontade birrenta de driblar a morte
de resistir e reexistir

em estrelas mortas e corpos vivos
Pode ser que não mas
por um milésimo de segundo eu já fui grande o suficiente
e abstrata para ninguém me entender
e assim poder aspirar poeira cósmica e voar
num universo utópico e possível
e duvidoso
Imago
Meu

X.
Do alto da minha arrogância pesquiso insetos por me sentir
meio inseta
e procurando por alguma certeza para me agarrar descubro
Libélulas copulam em pleno voo
enquanto batem as asas
e seus corpos hídricos
se encaixam em malabarismo
cabeça
tórax
membros
genitália
E livres
unidas
fecundas
formam um coração no ar
um coração voador
um coração
um coração
um coração...
Eu sempre fui terrestre
e mundana
e humana enfadonha
Eu nunca saí nem voei

porque meu corpo não é hídrico
é pesado e cheio de carne dura e tensa
eu nunca... eu
Eu romantizei amor enquanto cortavam minhas asas coronárias
e espancavam minha essência
e deve ser por isso que pesquiso insetos
e agora invejo a libélula
Eu só quero o direito de gozar desse movimento
e copular em pleno voo formando corações alados com meu corpo
porque é só isso que quero...
Esse acontecimento *libelular*
Quem sabe assim eu consiga metamorfosear a opressão que
me habita
e dizer que sim
agora sim me tornei inseta
Não por me sentir pequena
mas sim por me sentir
livre

XI.
A casa faz barulho todos os dias e
todos os dias
eu me espanto

brrrruuuunnnnbluuunbuuuumm broooonnnn

É o que dizem minhas tripas molhadas e vivas e aladas
Não sei traduzir, mas sinto tanto que pulo
Amor faz o ovo ranger as paredes
[por isso vou tomar logo um remédio que isso já já passa]

XII.
Chegou um momento eu que parei diante ao espelho
e não vi reflexo algum

Aquela era eu em cárcere dentro de mim
Um porco-obtuso-objeto-sem-asas
que não se reconhecia
e que se perdeu
caído
no sem fim sombrio de si
Eu sempre tive medo de escuro mas estava lá
porque não me importava mais nada
e não havia coração vivo
e por isso não havia pulso
nem havia reflexo
Uma vampira
que em vão
pirava

XIII.

Tenho uma artéria calibrosa que carrego
por trás da cabeça e só para no meio do peito
Sempre que estou flertando sinto a artéria jorrando e pulsando
batendo batendo batendo
como se quisesse berrar o berro do bezerro empalado de Asmodeus
Mas eu só estou flertando
 digo a mim mesma
O problema é que eu só ando flertando com a decepção
A linha entre a desilusão e um infarto é muito tênue
não sei diferenciar
[deve ser por isso que tô sempre morrendo de asas quebradas]

XIV.

ORDEEEM!!!
ORDEEEM!!!
ORDEEEM!!!
Gritei para dentro de mim na desordem do meu silêncio surdo
Ninguém me ouviu e sorri um enigma
O curioso caso do conflito que habita meu ter e meu querer

XV.

Na sexta-feira santa
tentei caber num oratório de flores e ouro no pé do altar e
por ser grande demais e parruda de ancas largas e coxas meladas
me converti à cama de madeira com crisântemos e cravos e rosas
Desde então tenho terra entre as unhas vermelhas
e vivo ressuscitando
quando me matam

XVI.

Estou descansando sobre aquilo que tenho que ser
E muito obrigada pela parte em que me toca
Descanso e pouso meu corpo talhado sobre tudo aquilo que
me fizeram
Como a terra que pousa por cima do cadáver
Estou descansando sobre aquilo que tenho que ser
mas que não quero mais
Porque não me foi dada outra opção a não ser
ser
E é cansativo demais ser o que te empunham de punho fechado
socado na faringe
Estou descansando
E só

Porque percebi que é o que resta quando não há ninguém
a não ser meus pés
Eu em sola pisando o chão de quem me pisa
e deitando à rede que balança
enquanto trago
um cigarro
e ansiedade
Puxo prendo solto no ar
a fumaça que me faz dragão de komodo
enquanto me olham incomodados

descansando
Um dragão de komodo descansando acomodado sobre aquilo que
o fizeram ser
E que decidiu cuspir fogo em tudo o que lhe queimava o peito

Agora
descanso sobre o que fui e não sou
e sobre as cinzas dos corpos que incinerei um a um
enquanto me olho quem
realmente
soul

XVII.
Eu estava amarrada ao moirão quando Elas chegam, as Estacas
trazidas em carreata real
e banhadas a ouro
de todos os tamanhos e calibres
Me esterilizaram esfregando buchas vegetais pelo meu corpo
aéreo e empolado e nu
e passaram álcool e éter
porque queriam tirar de mim qualquer farelo de brilho
porque para Eles só as Estacas brilham
Me mandaram escolher três - *uma pra cada orifício* - disseram
Escolhi das menores e olhei pro céu
Estava azul
O brilho das Estacas sob o sol ofuscou minha visão
e eu fui perdendo as forças
Sem cuidado
sem noção
sem loção
afundaram-me as Estacas
e nem me deram ao direito humilhado da cusparada
A seco
Aos risos

SETE
S E T E
S E T E
ESTACAS GRANDES E GROSSAS PELAS FISSURAS DOS
MEUS CHAKRAS
Pereci ao sol com sete cravas em mim
Eles disseram
Foi necessário para matar kundalini / para cortar o cordão umbilical do
egún / o duplo etérico / o timo / a pituitária da sela túrcica

Permaneci no moirão 9 dias
e 9 noites
e pari 9 filhos
que me nasceram pelos pés pelo umbigo pelas mãos pela boca
pelos olhos
mas 1
1 nasceu de parto mais complicado e ofidioglota
que saiu por uma fenda no ventre do meu cérebro
Nasceu grande e grosso como as Estacas
mas espinhoso e alado e cheio de brilho com voz estranha que grita
— *Eles tentaram matar kundalini!*
No moirão me nasceram 9

XVIII.
Eu sou o corpo e o sangue que você bebe enquanto me dá o pão
amassado pelas suas próprias mãos
para comer
ressecado
a fundo
enquanto afunda em mim os canudos e os diplomas
e teu punho
que me soca
a goela
a costela

e unge minha testa com óleo
e me põe vinagre na boca
para eu golfar as borboletas que me habitam o estômago
e que voam
ácidas
envinagradas e endiabradas no escuro
dos meus dias

XIX.

A dor que dói no fundo mais fundo do oceano do peito
parece capaz de abrir as placas tectônicas do meu corpo
fragmentando o que antes era um
Um só
agora
Estilhaços
Finos fios de aço cortantes machucam
Não sei mais o que dizer
Eu nunca soube e por isso eu sou uma eterna dúvida
Na mosca
Não
Não
Não
Pulga
ou qualquer outro animal microscópico ou irrelevante
ou asqueroso
Me sinto pó que se enxota para fora
quando se vê o incômodo do que ficou
o resíduo do asco
A dúvida
A dívida
Eu sou o que não deveria ser
mas sou o que ficou porque sou o que sobrou naquela hora
E naquela hora, naquela maldita hora, naquela estúpida hora,
eu prestei

E agora eu sou isso – A outra em hora inoportuna
Tão sem noção que aguarda enquanto achincalhada
A dúvida que entrou voando pela casa
invadiu a cozinha deitou na cama
Eu sou a dúvida [eu acho]
A dúvida que paira no ar e do nada bate na cabeça
só pra lembrar que eu existo e incomodo muita gente
igual elefante de música de criança
Eu sou a segurança da dúvida [eu acho]
Tola e insegura e incapaz de escolher
e sempre capaz de irritar
e tirar a paz de qualquer um
porque é isso que eu sou
uma estúpida dúvida que fica
quando nada é certeza senão
a dúvida
Humilhante e humilhada dúvida
que espera em frente à porta

XX.

De tanto sentir a carne vira pedra
e torna-se difícil fazer pulsar o que ontem era sangue quente
e agora é rocha fria bruta crua e cruel
Assim como a verdade dói
assim como a realidade oxida
o fato é que os dias vão petrificando o coronário
como se a cada manhã nascesse uma medusa
disposta a desumanizar a criatura
É bem verdade
que de tanto ser feito de besta
a gente meio que acaba se bestificando
A diferença está no corpo
Porque
ou continuamos quadrúpede em que montam

ou abraçamos o poder da arma lançadora de flechas
Me apetece lançar os dardos em cabeças
e ser arma
e manifestar meu poder de fogo
Matar
para não morrer
Do que ser tosco burrico híbrido sem pai nem mãe
sem eira nem beira
Prefiro saber que o tempo fez minha carne dura
do que sofrer por alguém que monte nela

XXI.
Como um retalho
por tempos
em pedaços
Fiapos soltos que o próprio tempo rasgou fazendo-me
Pi
ca
di
nhos
e destruindo tudo o que sentia
Aprendi a ser
frag
men
to
Todos os dias amanhecia de um jeito
e as tesouras e facas e mãos iam me trinchando
Quando a bola de fogo deitava
lá estava eu atravessado pelas mais diferentes lâminas
No cerne
Aprendi a coser-me só em pequenos nós [de marinheiro]
No início doía mas
fui lidando com as dores causadas pelas agulhas
Costureiro de mim

fui reforçando os remendos
evitando rasgos nos mesmo lugares
Viver não é uma seda
nem um pedaço de pano fino sob o abajur
Viver é um pano
De chão
Pisado
Que serve para te prender
as asas
e te entalar
a boca

XXII.
Você sempre admirou o ninho que eu carregava no peito
e dizia que desse ninho nascia a minha vida
e que era dali do ninho que vinha minha energia
Eu não entendia muito bem mas achava poético
e te recostava sobre o peito que guardava o ninho de sei lá o que
Mas eu tinha uma certa arritmia
uma hipertensão que me obscurecia o ninho
e me enfriava as artérias
e eu também não entendia por que sentia isso
e culpava a gripe o passado ou o pé descalço fora de hora
Certo dia fechei os olhos
e olhei pra dentro mim
e vi serpentes que me saiam em galhos e raízes
Elas habitavam o ninho
E eu corri pra te contar que vi serpentes saindo por todo o ninho
e que agora tudo fazia sentido
e que nada era culpa da gripe do passado ou do pé descalço
fora de hora
E sim eu
eu que não entendia como alimentar as serpentes do meu ninho
E eu queria alimentar

dar de mamar
de comer
permitir que aquelas tantas línguas bífidas
cheirassem sentissem vivessem
em mim e por mim na minha claridade
E eu falava e chorava emocionada
com a descoberta das minhas filhas
em uma espécie de gozo
O gozo materno

Quis pegar suas mãos e colocar entre meus peitos
para que você sentisse o ninho mexer
mas você foi desaparecendo de uma forma estranha
e cruel
Como se tivesse medo de cobras
como se tivesse medo de ninhos
como se tivesse medo de mim e do que eu carrego

Você viu meu ninho e despertou serpentes
Eu te dei o peito e o ninho e serpentes sem veneno
[por mais venenosas que fossem ao mundo]
Nós nos deitamos
entre ninhos-nós-serpentes-mamas-línguas-leites e pele
E te pergunto
Por que você foge?
Do que você tem medo?

Larvas, lagartas, nós, em nós amarrados

XXIII.
Lavou a casa e tirou o pó e os fiapos e jogou anil no chão
E jogou amônia no chão
E o chão molhado e o anil e a amônia tocavam-lhe os pés descalços
e feridos das sandálias e tudo isso fazia arder as feridas
Mas ela não se importava, rezava
Rezava e pedia para o deus que toda aquela lavação lhe protegesse
E lhe protegesse o lar
a cria
lhe protegesse o Outro dos Outros
lhe protegesse o coração
E foi acometida por uma terrível dor de cabeça
que reverberava nas artérias subindo ao cérebro
e descendo ao útero
E mesmo que rezasse ou por mais que rezasse
persistia-lhe a dor e lhe doía as entranhas que ficavam miúdas
Ela queria preparar-se em ceia para que a noite a possuísse
Em vão
Interrompeu mandingarias e foi tentar sanar o que lhe padecia mas
deu de cara e peito aberto com Aquilo
E não conseguia mais andar
nem falar nem respirar nem passar pela soleira da porta
porque sua cabeça crescera a tal ponto que ficou pesado
muito pesado o peso
E Aquilo ficou olhando com olhar gozoso para ela
em agonia insustentável
E ela chorava e ria e chorava e ria e tremia e as entranhas
eminhocavam-se
e ela dizia meu deus Aquilo novamente? Aquilo não, por favor, não

Aquilo entrava por ela como facas que lhe violentavam o útero
e o cérebro
Dentro de seu próprio lar ela morria
e nem reza
nem anil nem amônia
nem deus nem o Diabo nem ninguém fez nada
Ela morria com a cabeça explodindo e o útero esfacelado
E Aquilo a tirava para dançar a valsa fúnebre dela própria
só para celebrar
E pisoteavam o sangue
E Aquilo a rir-se
e a crescer como um câncer como um parasita que não pedia
permissão
invadia
avançando peito adentro sugando-lhe viscoso ectoplasma
Porque Aquilo sempre soube que a possuía
como os homens possuem mulheres-troféus
e mulheres possuem feridas
E ela era o troféu e Aquilo era a Chaga
Desamparada despossuída interrompida rompida silenciada
ela gritava um grito no vácuo
enquanto Aquilo fazia banquete de seu eu
com vigor e virilidade
porque Aquilo sempre foi muito bom em foder corpos e mentes
e corações
Com olhar vermelho e distante ela só ansiava pelo fim
mas não sabia dizer se era o fim de tudo aquilo com Aquilo
ou se era o fim dela própria

E até hoje ela não sabe...
E até hoje eu não sei...
~~Ou sei~~

XXIV.

Acordou disposta a dilacerar aquele coração
porque sabia bem como era gostoso sentir a dor do Outro
porque gostaram de sentir a dor dela mas agora
Mas agora
A dor do Outro é o prazer dela
A dor que silencia
que entala que sufoca que deixa tudo insuportável
Ela não se apieda e gosta
e quer sentir
porque sufocar o Outro é a sensação da morte
e a morte é bela como Ela
Na pele
rabisca nomes do passado só pra lembrar ao futuro
que a ceifadora vai passar qualquer dia
Munida de vermelho e de palavras enganosas e vazias
Ela sabe que a sedução mora nos olhos onde tudo vira pedra
Ela é medusa
Górgona de dentes afinados que só espera a hora certa
de comer o Outro
de quebrar o Outro
como um animal que aguarda
com a paciência satânica o momento do bote
Até que convida a presa a entrar em sua carruagem
para uma viagem astral
Ela sabe bem como levar o homem à lua
É só começar pelo céu da boca que tudo logo explode em via láctea
E Ela se deleita na presa
com a mesma boca que beijará o Outro
O beijo de Judas
A Presa tem pressa
porque sabe que com Ela a morte é certa
mas ela prende a presa
porque Ela sabe que a presa quer se prender a Ela

porque não dá pra resistir àqueles olhos
e nem àquele olho
O olho que dá o tiro de misericórdia
Há quem diga que tem feitiço entre aquelas bandas
A presa sabe que foi escolhida a dedo
e Ela sabe que a presa sabe
e Ela gosta que a presa saiba
só pro Outro chegar e ficar de *voyeur*
olhando a consumação enquanto a ferida se abre
a cada invasão
E o Outro assiste e chora sangue
Porque tudo não passa de um jogo
onde uns olham e choram enquanto se mutilam
e Outros brincam de entranhar-se
Ela agora só quer brincar
Sem se importar com quem vai se ferir

XXV.
Cansada de tentar, foi lá e tornou-se fálica
por que a vida é isso aí,
vários falos e mais falos e mais falos voadores sobrevoando cabeças
Quem é esperto que ande com a bunda virada para a parede
e que tape boca nariz olho orelha e qualquer buraco que tenha
É por não ter sido esperta que Aquilo veio e te deflorou
e te roeu os ossos
mas não dá pra ser cadela mirrada pra sempre
É preciso se tornar uma cadela-alada
e morder e lamber e mergulhar
e ficar no cio convidando tudo o que é abutre
ao banquete quente que tem entre as pernas
Do banquete escorre mel e melado e leite
e a bicharada vem com o cheiro
porque o cheiro é bom
porque o cheiro cheira a luxúria

E Aquilo ama luxúria, mas não se preparou para Ela
que agora tem sua própria maiúscula
Libertina, Ela lascívia
que cansada de tentar, tornou-se fálica
e convidou ao banquete Aquilo
e quem mais Aquilo quisesse
e quem mais quisesse Aquilo
porque agora é tudo de todo mundo, hein
e Ela não é de ninguém além d'Ela
E Aquilo se amiúda
porque Ela lhe escorre pelas mãos como água
e gruda pelos dedos formando finos fios de gozo e justiça
E Aquilo não mais ri, chora hahahahaha
Aquilo chora!
Aquilo implora, coitado!
Aquilo não consegue não consegue ver do que Ela é capaz
e Ela é tão capaz que deita sobre mesa e entrega o beck
o garfo, faca e toda a prataria
nas mãos da Outra
só pra Outra poder comer também
e Ela entrega o cálice
e Ela entrega tudo
porque Ela foi feita para ser apreciada com mil talheres
e bebida como em degustação
e Ela sabe
e dá
e a Outra nutre-se d'Ela
e elas trocam colheres e sugam néctar que Aquilo outrora tanto sugou
e já possuiu
mas não possui mais
Porque Ela saciou a Outra na frente d'Aquilo humilhado
porque nem Ela e nem a Outra precisam d'Aquilo
Assim como Ela não precisa nem da Outra e nem d'Aquilo
Ela já usou o que queria

Agora é só acender o próprio beck com haxixe
E a faca
a faca que antes servia ao banquete
serve a Ela para seu próprio júbilo
e para saciar a sua própria fome
porque Ela sente muita
muita muita fome
e muita sede
E com voracidade ataca corta fura enfia o dedo e trinca os dentes
puxa e sente o emaranhado de músculos mordidos na boca
e sente os coágulos na boca vermelha de sumo e de glória
e pendura aqueles dois porcos de ponta cabeça
para deixar pingar o sangue no cálice
que é de cobre
e o chão fica todo molhado e escorregadio de linfa
porque ali
ali renasceu Ela e ali
ali agora jaz Aquilo

XXVI.
Com meus olhos de cadela fui contornando cada um de seus calçados
Passei brilhantina um a um enquanto lia suas pegadas
em um ritual lustroso de devoção
Cheirei com meu nariz de cão
os rastros e as terras de seus pés e te lambi os dedos
Minhas patas
minhas patas cheias de pus doeram
por estar andando por onde você pisou
[por cima de mim]

Desenhando cruzes com navalha
e pisando meu sangue já pisado de apanhar
você me fez então
carinho com as mãos cheias de calos ásperos

e eu cerrava os olhos em sinal de agradecimento por aquelas ranhuras
enquanto seus pés
seus pés tocavam sinfonias inaudíveis a mim
dedilhando Lá colocando em Ré
Sem dó
De quatro
Saindo de Si em direção a Sol e eu em Fa
Fa
Far way from here
Planejando o dia e plantando à noite
entre canjicas e sebo de carneiro e
santos
Santos de resina e cerâmica e anjos sem asas
sem sexo e sem nada

Mulher centauro sem aura sem nada
que comia o seu e o meu coração
cravando unhas pontudas vermelhas
secas fétidas frias e fodidas
enquanto fodia a vida dos outros
Perdi cheiro e visão e me perdi de mim
Perdemos seus calçados e mais alguns órgãos vitais
e alguns cascos da pele
Tudo lá entre o saco do céu
ou pelo meio da Boca do Mundo

Olha
tem um passarinho que fica bem na porta cobrando a passagem
Sabiá, sabia?
É só vomitar a moeda e expelir a bile que já paga
Tudo se paga nessa vida
[com a própria]

XXVII.

O dente doeu a dor da falta
A falta do pedaço de dente que a cárie comeu
A língua entra no buraco do dente e dói fundo
Na alma
A alma em calma e silêncio do que foi mas não é
O coração do passarinho e o peito de aço
duro em cal e cálcio e quitina
e fel
e fé [?]
Socada entre as gengivas as pontas das lanças
e as carnes duras e as raízes soterradas apodrecem na mandíbula
a própria mandíbula
E tudo fede em podre
Antibiótico, a falta da vida
que dói mais quando o tempo é frio
Berrando em silêncio e socos na cabeça
Enxaqueca aguda feito agulha e martelo
É quando passa a doer também o ouvido
e puxa-se com os próprios dedos sujos uma lagarta
[ou seria um verme?]
lá de dentro da cabeça
Será que é um sonho?

XXVIII.

Tenho a impressão de que você ama o mundo
O mundo inteiro e redondo
e cheio de água que desagua nas suas mãos
Tenho a impressão de que você tem o mundo nas mãos
assim como ele te tem
E, às vezes, carrega o mundo nas costas
O seu e o dos outros
e é aí que o perigo mora
Entre o amor, a paixão e a devoção

Tenho a impressão de que você ama o mundo
e por isso o carrega
ao invés de separar com suas mãos o que te cabe dele
ou o que de você se entrega para ele
não sei muito bem
Mas nessa impressão de
amar-caber–carregar sinto que não caibo
Que não te caibo
e que te sobrecarrego com mais um mundo que era pra ser nosso
e só [como me sinto]
Tenho a impressão de que você ama o mundo
e por isso não consegue me amar por completo
nas minhas incompreensões
Você
tentando compreender o outro enquanto se esquece
que eu vejo e ouço e sinto
E sinto a atração dos mundos que te orbitam
enquanto me torno apenas um satélite
um satélite traído pela imensidão daquilo que não se pode
lutar contra
Um mundo inteiro contra mim e
que você carrega em devotamento sem nem reclamar
e que te silencia e pesa
E eu observo tudo
sendo satélite de um mundo ao qual não pertenço
querendo te dar um mundo meu
em que não girássemos em outras órbitas
que não fossem as nossas
próprias
órbitas

XXIX.
Silêncio vácuo pressão no ouvido zumbido tonteira
Silêncio que grita e ninguém ouve e

escorre pela maçã do rosto pingando no colo
Só há silêncio ensurdecedor e olhos vazios frios estáticos
Ao longe avistam o passado cego, mas os pobres olhos estão tomados
pela catarata que era futura mas não é mais
Ela chegou chegando
Bruta e avessa e violenta numa força estranha e pleonástica que
contraditoriamente traz a luz
Íris verde esclera vermelha pupila dilatada boca seca língua dura
Ou foi overdose ou foi ataque cardíaco ou foi desilusão
o que matou aquela moça com o carimbo roxo do vexame
tatuado na testa
Só sei que
Só sei que isso foi em 4 de julho e desde então ela só morre
Nasce e morre
Engasga e morre
Engasga com a terra e chora umedecendo o solo pra poder reviver
Isso todos os dias
desde aquele 4 de julho

XXX.
Engolindo a seco o catarro que entala a garganta em um nó oco
Um soco
Na boca
Na boca do estômago
Um soco não dado pela mão
A mão
A mão afaga
É a ação que mata de pouquinho em pouquinho enquanto
fecho os olhos
Tentativa tola de cegar a mim mesma
A iluminação
Fecho os olhos e a memória me trai
trazendo violentamente o que me esforço a esquecer
Me sinto violada

Em mim, todas as sensações do mundo
Latentes
Tudo pulsando dentro desse meu corpo morto
Visão turva
paladar amargo
tato frio
olfato aguçado
audição perturbada
Eu sou um cadáver que por castigo é obrigado a viver
Só pode
Paro
Descubro que carrego em mim alavancas para o precipício
e nem preciso me
                        jogar
Não me perguntaram nada
porque não me perguntam nada
Mas me jogaram
me jogam
e jogam
e jogam
e eu nem sei voar
Eu sou um cadáver
que por castigo é obrigado a viver
Só pode

XXXI.
A solidão é um cacto
Beleza que ninguém abraça
Cinco da manhã e nem o sol acordou para te ajudar a acordar
Quem te estende a mão?
É você quem acorda cedo
e dorme tarde
e no intervalo entre os dois horários
faz um malabarismo bonito para que tudo saia conforme o planejado

[dos outros]
Chega à casa e é sorriso no rosto
comida na panela
comida no prato
comida na mesa
comida na cama
e sorriso no rosto sempre
 porque sorrir é sinal de satisfação garantida
ou seu dinheiro de volta [mas que dinheiro mesmo?]
Cê dá de graça o que de graça recebeu
dormir não é uma opção
Até é
Mas aí você abre brecha pro inimigo
E o cão está em todo lugar, o cão
ele é ardiloso, o cão
astuto mesmo
Daí você torna a acordar às cinco
sem nem o sol pra te dar bom dia porque
pelo amor de deus você acorda muito cedo!
Taca uma água nessa cara
Aproveita que a água tá gelada e gela o coração
De quente só a companhia do café
Acorda sozinha
E no final é assim mesmo
você acaba abraçando o cacto

XXXII.
Lambia paredes para sentir o sabor do que é ter proteção
A moça devorava o reboco para nutrir-se de casa pois
a moça nunca fora lar e dentro de si existia um espaço noturno,
frio
Uma fome
Engolia cimento para fazer-se rija pois
nunca fora muito firme mesmo

Meio molenga

A moça nunca fora moça o suficiente e nem nunca fora lar o
suficiente
nem nunca fora mulher o suficiente
Sempre meio planta, sempre mei'de canto
Cantava canções de amor para esquecer-se do lamento que lhe
habitava e
que lhe chorava por dentro numa mistura de fado e leite
A moça nunca fora um fato e até nisso via beleza
A pobre enxergava deus no sofrimento

Bege moça, sempre fora fardo

Mordia seus próprios braços e cravava-se os próprios dentes
como a beliscar-se porque queria saber se era uma moça real
Se for sonho não dói ela dizia
[queria mesmo era sentir o calor do bafo de boca em sua pele e a
língua áspera cheia de papilas deslizantes pelos poros e de dedos
grossos a possuí-la]
mas de real só as marcas os dentes a gosma o sangue o suor a lamúria
Deplorável vida de deplorável moça
Desabrochou para o sexo florindo violentamente
em espirais de álcool e entorpecentes
e tentativas de esquecer o que não se esquece porque nem se lembra
A verdade dos fatos é que a moça nunca fora base nem lar
nem moça nem mulher nem bela canção para cantar
À moça só penitências
diante disso foi posta fora

XXXIII.
Ele disse
maior Solzão!
Olhei pro céu e a vista nem doeu e eu perguntei
Cadê?

E ele respondeu
Aíó na tua boca por entresses teus dentes
E eu ri mas tapei a boca e o sol com as mãos
E ele disse
 Vêsó!
E meteu a língua boca adentro
e laçou o Sol que estava no céu do meu palato
e o laço laçou meu céu inteiro
trazendo minha Lua Mercúrio Vênus Júpiter Saturno Urano Netuno
e mais um monte de satélites que me orbitavam
Trouxe tudo com aquela língua bipartida sem nem precisar
de oxigênio
Foi quando entendi como é sair de órbita e bater asas
e escorrer via láctea pelo infinito
das coxas

XXXIV.
Pitágoras chegou
calculando a distância entre os abismos da minha poesia
entre paredes amarelas azuis laranjas e cinzas
e a física dos corpos
O quadro branco tinha marcas de caneta e dedos
Meus dedos
E as mãos mestras de Pitágoras
que me diziam
O quadrado da hipotenusa é igual à soma dos quadrados dos catetos
enquanto tocava-me as tetas circulares e cheias de carne viva
Eu achava tudo poético naquelas quintas-feiras
em que não havia lei de Newton Einstein nem Curie
Eu sentia cheiro de cacau flores e suor
e minhas unhas tinham pele morta da nossa termodinâ-
mica amálgama
O quadro branco tinha marcas de caneta
e eu fingia apagar os dedos meus e de Pitágoras

Subimos a rua
a ladeira
as escadas
subimos no telhado do lado mais longo do triângulo retângulo
onde deixei um fio escarlate de regalo
por todas as quintas-feiras sem lei

XXXV.
Pontadas na pele quente
você me dava com suas mãos frias
dedos gelados
Minha pele quente, arrepiada com as pontadas
Os pelos iam contra a gravidade avisando que
por ironia iriam expor a verdade
Mas qual era a verdade?
Seus dedos gelados me punham quente
Seus dedos
digitais em riste
me alisando-tateando-lendo em braile e eu
Eu me permitindo ser lida e desvendada
Vai vai
Desvenda-me
Tira de mim esse véu branco de noiva e se atira em mim
Me deixa esquentar a palma da sua mão e ler seu destino
Olha
Tem uma linha fina aqui nessa mão dominante e canhota que eu
quero ler
mas preciso ficar de cabeça pra baixo
Quer me ver de cabeça pra baixo?
Quero
você diz
Me ponho ao contrário pra ver o seu mundo
e você enrijece querendo ficar de cabeça pra baixo comigo
E eu escondo seus dedos frios sua mão canhota teu pulso

e te sinto perder o pulso
Seus pelos agora iam contra a gravidade avisando que
por ironia iriam expor a verdade
Mas qual era a verdade?
Seus dedos estavam quentes

XXXVI.

O tempo estava frio mais uma vez
assim como eu estava fria
e de fria eu tinha as unhas roxas e os lábios beges
Mas você era como um vento quente
Um vento daqueles que abraçam e que sobem por baixo do vestido
e dedilham as coxas subindo por dentro, arrepiando
Um vento quente e laranja céu
com nuances de amarelo e azul e lilás com um pouco de branco
e nuvens leves porque eu sei que você ama nuvens
Você tem vento quente bafo quente boca quente tudo seu é quente
e me aquece enquanto me morde em devaneio
Eu penso em você e acendo e sinto medo
Mas um medo bom que pousa na cabeça
Um medo que dá prazer e me dá vontade de rir
enquanto tapo a cara com o travesseiro manchado
como se controlasse
como se não pudesse
como se não devesse
mas como se quisesse
e não posso negar que
meu querer é genuíno
Você sempre esteve ali
e sempre ficou ali
e sempre fincou ali
e naquela sala escura daquele dia escuro eu sabia
[deus sabe que eu sabia]
Eu colocaria tudo em risco

Porque você era a chave e eu a tranca
e você em mim era a
liberdade

XXXVII.
Você me perguntou como é que eu faço minhas poesias
E no que me inspiro pra poder criar
Sorri
Te convidei para deitar comigo
Te fiz poema

XXXVIII.
Te convidei para um chá e você me bebeu
sem medo de queimar a boca
Eu disse que tinha fome que tinha sede
Minha boca te comeu e meus dentes te mastigaram
e minha língua
minha porosa língua lambeu tua pele toda
Quanto mais minha língua te lambia
mais eu me vestia com a tua pele
E mais e mais e mais você
me tinha

XXXIX.

Deitada, eu comia uvas direto do pé e me lambuzava com elas todas
Sem pudor, comia e deixava escorrer o suco pelo peito
Você via e sentia sede e água na boca e muita fome
e eu te convidei a aproveitar a sombra da parreira
Você comeu as uvas da minha boca
e bebeu todo o suco do meu colo
Deitou à sombra da trepadeira
que tem um ramo lenhoso
e comeu tudo de novo
bebeu tudo
de novo
e em
mim

XL.

(Para Raquel, in memorian)

Acordei para acordar o sol porque sinto mais esse peso sobre mim
É pesado o peso de descortinar quem descortina o dia
e por isso não me dou ao luxo da irresponsabilidade de perder a hora
Acordei antes do acordado e atracada ao pé da cama
estava a ansiedade
Levantei
banhei
bebi tudo correndo
enquanto roía as unhas
Saí para te encontrar
porque você é a parte leve do meu peso e pensei
quanto antes saísse antes te veria [e por mais tempo]
Em vão
Apressada esqueci de me atrasar
porque havia me adiantado ao acordar

e assim sendo poderia me dar ao luxo da procrastinação
Saí antes
cheguei antes
e você não estava
e eu não te vi
E nem te senti o calor
Você não estava lá
mas não porque que você não estava e ponto
e sim porque eu não esperei o seu tempo
nem me dei o meu tempo
[nem me dei ao luxo do erro]
Às 6:23 cruzei nosso caminho cruzado
que sempre se cruza em amarelo laranja e dourado com azul celeste
Mas às 6:23 não é possível te ver
porque você é específica demais
e só me transpassa às 6:31
e eu fui embora adiantada e triste
e com raiva das horas
porque mesmo longe
mesmo sem te ver o rosto
consigo te ver os olhos e te ouvir o riso frouxo
naquele amarelo laranja e dourado com azul celeste
E isso já me vale a lágrima escorrida entre os dentes
todos os dias
às 6:31

XLI.
Há beleza no fruto bruto
No casulo
Na pedra não lapidada e nos espinhos que ferem
e enfeitam
e protegem
Há
há sim uma beleza que só se vê no singular

Nos seus olhos que surpreendem e ensinam em verde porque
porque enxergam tudo em cores diferentes e
em formas daltônicas
No seu corpo de livro rabiscado da cabeça aos pés
E braços
que poderiam ser armas
mas desarmam qualquer um que caia em abraço
de urso
ruivo
com tufos brancos
e no dedo mindinho mais mindinho
porque esqueceu de crescer
só pra lembrar que uma parte nossa precisa ser criança sempre
Meu mindinho também não cresceu
mas eu esqueço de ser criança
e sofro um tanto
Daí
percebo que bruta é só a casca e que a beleza te transcende
te atravessa e te difere
e me completa
quando olho através da água
e vejo teu rosto no meu

XLII.
Certa vez me falaram
A gente voa atrás de uma felicidade e morremos sem achar
Nunca concordei
porque L.
L. sempre me mostrou o contrário por baixo dos caracóis negros
Toquei a loucura com meus cascos
e o bobo da corte me mandou olhar para o lado e
riu de mim
e eu ri de mim também
e ele me colocou chapéu com guizos [eu merecia]

Perco a filha mas não perco a piada [e eu sou mesmo uma piada]
E que piada é essa coisa de procurar felicidade?
O guizo do chapéu chacoalha
faz barulho e me irrita e
me arranca gargalhadas que nem sabia que me existiam
L. cisma
CISMA
em me cuidar com um abraço-casa que cura dores
Curandeiro
É ácido
É latino é dominical
Todos os dias de manhã ao som de música mexicana e cheiro de café
El día en que me quieras
e cai o pó no chão
Dancei!
Enquanto o passarinho azul
pia pia pia
tomo esporro
tomo o café quentinho
e ganho um beijinho
Um só
 [tá bom tá bom com tapinhas nas costas]
e ganho carona
e por onde eu for
eu encontro
mesmo achando que posso estar perdida
[e estou]
Tiro sarro das coisas
mesmo quando tortos parecem os caminhos
[e estão]
Aprendi que felicidade é sorrir e seguir
por isso não concordo com o que me falaram sobre felicidade
Porque eu encontro a minha
e ela vai além e vai e vem

muito além de substantivo feminino abstrato
Ela é palpável e eterna e nunca se vai
Tem cheiro tem cor e nome
Laranja
Pai

XLIII.
O dia é uma mãe
Nascer e morrer e nascer noutro dia
para morrer ao fim
Assim é
A vida é mãe como fogo que protege e queima
e vento que varre a treva
para longe
e assopra a ferida em carne viva
como a água
Água que faz avalanche ao mesmo tempo que limpa
A terra
terra íngreme de difícil subida
onde finco os pés e sinto o peso do corpo
e sinto que posso descansar
A natureza é mãe e a mãe é a natureza
Sem ordem
nem início nem meio nem fim porque não há ponto
Apenas se é
como o verbo de ligação
É
Liga-se a nós
em nós
por nós
através de um cordão umbilical de ouro e lágrimas
Loba selvagem que protege o filho
Sereia mística
a Deusa

A natureza é mulher em estado interessante
do Latim
ser de importância, fazer a diferença
Inter- é estar entre
e -esse é ser
A natureza é mulher grávida que dá à luz ao dia
A mãe é o elo
e assim
é

Pupa
[Deita no chão, faz a cabeça, a firmeza]

XLIV.
  C
   a
   i
   u

O sonho que tinha desde menina
Família e casa e vida perante a Cruz de Cristo e a
benção de Deus amém
Tudo me de-
          saba em
Q
  U
    E
      D
        A
          L
         I
        V
         R
       E
Só
Me resta eu des-
          pen-
            cada
Em frente ao Cruzeiro das Almas pintado em cal
Cabeça
       baixa
Joelho ralado e

soluço
soluço
soluço
so
so
luço
A borboleta pousou na ponta da cruz
so
so
luço
Brotou uma flor do pranto do meu peito e molhou a terra
Fiz o sinal da
Cruz
Credo

XLV.
Eu cantava pontos enquanto costurava os pontos no meio do peito
Mamas ainda dilaceradas pelo afeto não correspondido
Aprendi a costurar-me desde cedo entre joelhos dobrados
asas quebradas
e pipocas em formatos de cruz
Polvilhei *wagi* e pulverizei água de cheiro e ardeu
Deus me [fez] livre!

XLVI.
Copo virgem com água / ovo / ovo dentro do copo virgem com
água / caçula / prece para Santa Clara

Vovó ensinou que em dias nublados o caçula põe a mandinga no
alto mais alto da casa e pede pra Santa Clara clarear

— *Oh! Santinha Clara Clarinha clareia meu dia igual o ovo da galinha!*

[Desde quando minha vida anuviou em tempestade faço isso todos os dias implorando para sair do breu ou que pelo menos o ovo da mandinga não esteja podre]

XLVII.
A cobra bailava comigo em sonho no deserto
e tinha voz de mulher noturna
e seu veneno tinha cheiro de pimenta com aguardente
Cobra Coral-vermelha-preta-amarela com olhos
cada um de uma cor
Rassssstejaaannndooooaassiiiimmm
Fundindo a pele dela sobre a minha pele siiiiimmmmm
Trocando a pele dela com a minha siiiimmm
até me picar e se fazer em tatuagem
[foi assim que virei ponta de agulha]

    XLVIII.
Céu escuro se abre com o vento que ela faz enquanto dança
e bamboleia a saia retalhada e multicolorida
O sol é bola de cristal e ela é vidente
que vê [meu] futuro através do brilho
Descalça sente a terra e o sal da terra
Sal que como a seco
Flor nos cabelos - pés de valsa - mãos leves - asas
Ela tem cheio de alecrim cheiroso com verbena e lavanda e baunilha
e dança sem medo do búfalo porque tem pé de coelho
e faz isso com encantos
com guizos
e missangas
e água de cheiro
[Foi assim que me tornei adorável e perniciosa]

XLIX.
Certa vez, no terreiro de Francisca, a velha me deu uma figa
de azeviche
cruzou meu peito e disse que
mágoa é erva daninha, fia
Pexija cortá, fia, senão vinga no coração e dá raiz
disse a velha
Chorei Lágrimas de Nossa Senhora que pingaram na minha mão
[só preciso que ME vinguem, vóinha]

L.
No meio da Ventania
a menina loura e descalça me deu um doce de coco
- Pra sarar dor de peito, darmãe
Maria Helena sempre foi a única flor
no meio do jardim que só brotava madeira e assim sendo
aprendeu a ser espinhosa e cuidar de dores
No meio da Ventania
Maria Helena viveu tísica e fincou raiz no chão aos 4
No meio da [minha] Ventania
Maria Helena me enxugou a chuva
que tempestava no seio da face
pousando o indicador
na menina dos meus olhos
e nas minhas maçãs

Sempre que o peito dói, como doce de coco
Santo remédio
[As crianças são tão sábias]

LI.
Toda manhã
o Homem-Caolha-Da-Boca-Torta beijava o chifre do gado
e dava de comer ao gado e de beber também

Toda manhã sem deixar passar um dia
saudando o oratório e o cálice
Muito se falava sobre o Homem-Caolha-Da-Boca-Torta
mas pouco se sabia
Até se saber que o boi alimentado
era o causador da deformidade do Homem-Caolha-Da-Boca-Torta
— *Esse homi aqui só é o que é pruquê esse animal lhe fez ferida e homi
só é bão pruquê aprendeu cum bicho a sê o próprio bicho.*
[O Homem-Caolha-Da-Boca-Torta me ensinou a ser e a aprender
com o animal]

LII.
A sombra preta me olhava pela janela com olhos arregalados
Olhos de jabuticaba
arregalados e risonhos querendo brincar
Tinha fome, a sombra e os olhos
Eu tinha um banquete e
queria partilhar
A sombra preta foi para a luz e se fez fogo
As jabuticabas queimaram mas o riso
o riso continuou o mesmo
Hihihihihihi fininho assim
Sentado no balanço balançando e encantando e bagunçando
minha vida
Ele me deu os olhos de jabuticaba e me tirou da cegueira
e eu nasci
[A sombra fez de mim meu principal acontecimento]

LIII.
Virei uma esquina e dei de cara com outra esquina e outra esquina
Sete encruzilhadas abertas diante de mim
com sete tronos para me sentar
com sete pontos de luz e sete cascos e marafos e tocos
Sete sete sete

Sete encruzilhadas em tridentes que me ensinaram o misté-
rio [de mim]
Muila de cera e barro em chama que chama e queima
inexplicável e curiosa
por dentro
[Sete encruzilhadas que percorri em guerra para achar minha paz]

LIV.
Sempre fui tomada por uma felicidade discreta que pairava quando
via a praça
Bela imponente de jardim verde e bem cuidado assim assim
Com plantas e pessoas e cachorros muito cachorros
monumentos vistosos e religiosos que me faziam até querer rezar
Meus olhos verdes e imaturos se ocupavam das belezas da praça
Que praça linda, eu dizia
Passarinhos voando entre pessoas de bochechas coradas
Meus olhos verdes e imaturos em ótica de caos me mostra-
vam a beleza
do cemitério
Entre jazigos urubus choro vela anjos com asas quebras
imaculadas já maculadas
pessoas roxas sem almas e as próprias almas
e eu sorria
[Eu sempre olho para o que não se consegue ver]

Imago [escrita em corpo e voz]

LV.
Literatura
Tortura
     Tontura
Litera
   tortura
      Litera
        tontura
Me embebedei com garrafa quebrada com que me retalharam
Abri a cripta do segredo velado e joguei tudo ao sol em brilho
em sangue sal suor e saliva
De tonta torta e torturada
fiz amor e poesia
Virei poeta

LVI.
Mente que transborda e
esguicha palavras, inunda-se de sentimentos e sensações
e jorra
Mente que vive em ressignificado e
que literal[mente] sente
e se desprende do eu indivíduo
e torna-se eu poético lírico selvagem
profético e profano
Mente que de tanto sentir se faz quente e ferve em lava e voa
e lavra a terra para fecundá-la no absurdo
e cria seu próprio mundo destruindo o antigo e sorrindo
com a boca cheia de dente e de sangue tal qual Kali

pisando na cabeça daquela gente
e beijando a serpente
Mente apaixonada e que sofre e que ri e que sorte
por ter poesia por ser poesia por fazer poesia
Por nunca ser mente parada
e arar o solo que a sola toca
Por ser mente que planta a semente
em verbo-corpo-escrita-ação
Por ser mente
Mente que não mente
mas poesia

LVII.
  CAO[s]
      T
      I
      C
      A[mente]
  [O caos é questão de ótica]
  [O caos é ótica da mente]
  Será que mente?

LVIII.
  Fragmentada
  Não escrevo histórias inteiras
  cheias de capítulos com
   início
      meio
           e
                fim
  Me deixa assim cortada

Talhada

Falhada

Costurada ao que

restou

do que se cortou com vidro fino do caos, os pulsos

cacos de caos – cacoscaos – caoscos

Histórias se alongam e minha respiração sempre é breve

deixa

assim

mesmo

[que pra mim tá bom]

LIX.

As palavras nascem para que a gente morra e renasça ou

a gente nasce a partir da morte da palavra? Não sei

Sei que sinto uma dor na boca do estômago todo dia às 5

quando abro a porta do escuro e sinto vontade de apertar o claro

para clarear a curiosidade que matou o gato

e lembro bem que já matou o gato uma vez e não foi bom,

definitivamente não foi

Odeio gatos mortos

Odeio morte de gatos

Até porque o gato em questão era [e sou] eu

Por isso saio como quem foge

e pego chave e pego bolsa e pego o sorriso que deixei em cima da mesa

Não posso esquecer nada disso

[Principalmente o sorriso, preciso dele para ganhar o pão]

Dirijo meu carro como dirijo minha vida:

uma linha tênue entre a rebeldia e incapacidade

e vontade de jogar tudo no poste ao som de Eddie Vedder

por isso fico ouvindo Black

Por isso fico ouvindo Pearl Jam em *looping*

mas me questiono

porque não sei lidar bem com o fim da música

Imagine com o fim da vida? Eu já morri tantas vezes
eu deveria saber, eu deveria
Meu estômago dói
O Eddie Vedder continua tocando aqui e eu
Eu queria que ele pudesse me responder algo mas ele só diz que

I know someday you'll have a beautiful life,
I know you'll be a star,
In somebody else's sky,
But why? why?
Why can't it be, oh can't it be mine?

E eu aperto o botão novamente – *REPEAT*
E entendo o porquê de dirigir correndo
de o carro estar na reserva e eu continuar indo iiiindo iiiiiindo
mas de dar a seta para a esquerda para fazer a ultrapassagem perigosa
Eu sinalizo segredos velados sozinhos por mim
Entendo agora porque não quero que a música acabe
ou não entendo porra nenhuma
Talvez eu não entenda nada mesmo e só esteja aqui me perguntando
o porquê do meu estômago doer
o porquê de sofrer
o porquê o porquê o porquê o porquê o porquê o porquê
eu só não quero que a música acabe
nem que as palavras morram
nem que eu morra sem palavras
Eu quero viver sem dor

Evento

LX.
Água calma me chama em chamas ventando
no raso dos rios
Eu vento até o profundo
e fundos oceanos
e finco o olho do meu furacão onde ninguém vê
mas todo mundo sente
E vento
Soprando música para todos os ouvidos